DE LA RÉGENCE

SOUS LE RÉGIME REPRÉSENTATIF.

IMPRIMERIE DE Mme Ve DONDEY-DUPRÉ,
rue Saint-Louis, 46, au Marais.

DE
LA RÉGENCE

SOUS LE RÉGIME REPRÉSENTATIF,

OBSERVATIONS

SUR LE PROJET DE LOI DE 1842,

PAR

M. J. M. BERTON,

Ancien Avocat au Conseil-d'État, etc.

PARIS.

PAULIN, LIBRAIRE-ÉDITEUR,

RUE DE SEINE, 33.

1842

DE

LA RÉGENGE

SOUS LE RÉGIME REPRÉSENTATIF.

I

Introduction.

La Charte de 1814, octroyée par l'omnipotence de la royauté restaurée, ne contient aucune disposition sur la régence. Cette lacune n'a rien d'étonnant : la volonté qui concédait la Charte réservait au pouvoir royal le droit de suppléer à son silence sur toutes les questions intéressant la sûreté de l'état.

La Charte de 1830 n'est que celle de 1814 amendée en une séance de trois heures, et précédée d'une déclaration justificative de la révolution de juillet, constatant la vacance du trône en fait et en droit. Il ne pouvait donc y être question de l'exercice de la royauté durant la minorité du monarque.

Quelle conjoncture eût d'ailleurs appelé l'attention de la chambre des députés sur ce grave sujet, quand le prince appelé au trône s'offrait aux vœux du pays dans toute la vigueur de l'âge, entouré de cinq fils, dont deux touchaient à leur majorité ?

Soit imprévoyance, soit préoccupation du danger des circonstances, on écarta toutes les dispositions qui n'entraient pas dans le cadre de la Charte octroyée, et rien ne fut stipulé touchant la minorité du roi, l'époque où elle devait prendre fin, et l'exercice du pouvoir royal durant cet intervalle. Ce fut une faute.

On ne peut songer sans effroi aux périls de la monarchie si en 1835 l'exécrable machine de Fieschi eût produit les terribles effets qu'en attendait son auteur. Si les deux fils de sa majesté, majeurs à cette époque, avaient succombé avec elle, l'ordre matériel eût été maintenu, sans nul doute, par l'accord immédiat de la garde nationale et de l'armée ; mais dans l'intérêt même de la dynastie, comment à défaut d'une loi organiser la puissance exécutrice sans coups d'état, sans commotion ?

A la suite de cet attentat, une loi de régence eût contenu les partis extrêmes et prévenu les attentats et les complots plus efficacement que ne l'ont fait la défense de se proclamer républicain dans un pamphlet ou un journal, la résurrection de la complicité indirecte, et l'attribution à la cour des pairs de certains délits de la presse, dont toute la phraséologie parlementaire ne saurait altérer l'essence.

« Une loi de régence avant le mariage du duc d'Orléans ? » — Oui, sans doute. Elle eût offert aux familles régnantes de l'Europe un gage fort utile de la confiance de la nouvelle dynastie en sa propre stabilité.

Après le coup affreux qui vient de frapper à la fois la famille royale et la France, quand la mort à jamais déplorable du duc d'Orléans , de l'héritier du trône, a si douloureusement ému tous les cœurs français, sans exception, fallait-il venir immédiatement, et dans un intérêt tout ministériel, sous un manteau dynastique, arracher à la douleur publique et aux préoccupations parlementaires l'approbation d'un projet de loi de ré—gence? Était-il si urgent de le présenter comme un com-plément de la Charte, après l'avoir rédigé au mépris des leçons de notre vieille histoire et du droit public adopté par presque tous les états monarchiques de l'Europe , constitutionnels ou non ? Fallait-il enfin en poursuivre le vote *ex abrupto ?*

Lorsqu'on aura lu ce projet avec une sérieuse atten-tion, on se convaincra qu'il est aussi défectueux en la forme qu'au fond , qu'il réveille bien imprudemment, jusque dans ses emprunts à la constitution de 1791 , l'opposition de cette constitution trop démocratique dans ses restrictions de l'autorité royale avec la Charte de 1814 amendée en 1830 ; qu'il donne au régent, roi temporaire , un pouvoir que les monarchies absolues lui déniaient autrefois, que presque toutes les consti-tutions de l'Europe lui refusent aujourd'hui, et le piége sera dévoilé. Le sera-t-il trop tard? nous le craignons. N'importe ; le devoir de l'écrivain politique est de marcher d'un pas ferme à la recherche de la vérité, sûr de sa conscience, de son amour de l'ordre et des lois et de la modération de son langage, ne dût-il agir que sur l'opinion qui tôt ou tard amène la réforme des mauvaises lois.

II

Aperçus historiques.

La régence supplée la royauté pendant la minorité du roi ; ce n'est pas une simple fonction publique, une simple dignité de l'état par représentation d'un incapable, tant que l'incapacité dure ; mais ce n'est pas non plus la royauté véritable ; c'est, suivant les circonstances, une quasi-royauté, qui peut être modifiée dans l'étendue et la force de ses prérogatives, sans porter atteinte aux droits constitutionnels, immuables, de la vraie royauté. Quoi qu'il en soit, la régence a presque toujours été réglée par les pouvoirs qui ont organisé la royauté même.

Parcourons les annales de tous les peuples qui ont admis la monarchie héréditaire tempérée par des constitutions.

En France, sous les première et deuxième races, les assemblées réputées nationales, les champs de mai, les plaids royaux, disposaient de la régence : cette règle ne reçut d'exception que de la part de Dagobert Ier et de ses successeurs. C'est en dominant l'assemblée des hauts barons et en s'imposant ainsi à leur suffrage, que Eudes, Hugues l'Abbé, Hugues Capet, arrivèrent de l'exercice délégué et temporaire du pouvoir royal au plein exercice de la royauté et à l'établissement de leur dynastie.

Dans le douzième siècle, les hauts barons se maintiennent dans la possession de ce privilége ; du jour où les états généraux se montrent à l'horizon politique comme la représentation du royaume, ils s'attribuent le droit de nommer à la régence. Ce n'était pas une usurpation. En effet, là où la royauté active venait à manquer, un pouvoir supérieur au pouvoir monarchique était naturellement appelé à déléguer l'exercice de ce dernier, à en régler ou modifier les conditions.

En 1327, à la mort de Charles le Bel, les états attribuent solennellement la régence à Philippe de Valois. Après la mort de Louis XI, ils jugent les prétentions à la régence entre Mme de Beaujeu et le duc d'Orléans, en décidant qu'il n'y aurait pas de régent, et que le nouveau roi gouvernerait par lui-même. En 1561, ils sont encore appelés à statuer sur la régence de Catherine de Médicis.

Si depuis cette époque le parlement de Paris est intervenu dans la nomination de régents, c'est comme cour des pairs ayant la prétention reconnue, consacrée par quelques précédents, de représenter les états généraux eux-mêmes. Les précédents dont nous parlons remontent à Philippe-Auguste, à Philippe le Bel et à Charles VI.

Le parlement de Paris nomma le duc d'Orléans régent au mépris des dernières volontés de Louis XIV, qui n'avait institué qu'un conseil de régence, dont il donnait seulement la présidence à son neveu ; mais ce fut après le décès de la duchesse de Bourgogne.

Observons, en effet, que sous l'ancienne monarchie, et spécialement à partir de Blanche de Castille, on n'appliquait pas la loi *salique* aux cas de régence, témoins la régence de cette princesse, et celles d'Isabelle de Bavière, d'Anne de Baujeu, de Catherine et de Marie de Médicis, d'Anne d'Autriche, etc.

L'assemblée nationale considéra la question de la régence et de ses attributions comme une question de constitution : elle la résolut dans le pacte fondamental, et non dans une loi ordinaire. Nous reviendrons sur ces dispositions : qu'il nous suffise en ce moment d'en constater la nature.

Le sénatus-consulte organique (constitution du 28 floréal an XII) régla également les conditions de la régence. En 1813, un nouveau sénatus-consulte organique, rendu dans les mêmes formes que celui de l'an XII, modifia cette partie des constitutions impériales ; il attribua à l'impératrice mère la régence de l'empire pour son fils mineur, dans le cas où l'empereur n'en aurait pas disposé. Et ce n'est qu'à défaut de celle-ci que la régence était dévolue au premier prince du sang.

En Allemagne, l'Autriche exceptée, c'est le pacte fondamental de l'empire germanique, la bulle d'or, promulguée par l'empereur Charles IV en 1336, qui dispose de l'hérédité de la succession des princes électeurs, de la tutelle et administration des princes mineurs, jusqu'à ce que l'aîné d'entre eux ait atteint l'âge légitime (18 ans).

Ces dispositions de la bulle d'or sont reproduites dans presque toutes les constitutions des états dépendants de l'ancien empire : nous citerons celles de Prusse, de Bavière, de Saxe, de Wurtemberg.

Les chartes d'Espagne, du Portugal, du Brésil, se sont réservé aussi de statuer sur la régence exclusivement aux lois ordinaires. Les constitutions de Suède et de Norwége, enfin la charte polonaise de 1815, renferment sur cette matière des dispositions spéciales.

Quant à l'Angleterre, ce n'est point chez elle qu'il faut chercher un véritable cadre constitutionnel. La *magna charta* imposée à Jean Sans-terre n'avait pas pour but de régler l'hérédité de la couronne, mais d'imposer au profit des barons un frein à la tyrannie de ce despote. Le bill des droits de 1688 consacrait la quasi-ligitimité de Guillaume et Marie, par un retour au respect des vieilles libertés de l'oligarchie et des communes. Le mot bill appliqué à ce dernier acte n'implique même qu'une loi ordinaire émanée du parlement, qui avait appelé au trône le gendre de Jacques II.

« L'excellence de la constitution anglaise, dit Hallam, dépend surtout de l'incertitude de son origine et de l'incomplet de ses dispositions, lesquels permettent aux pouvoirs parlementaires d'agir suivant les personnes et les circonstances avec plus de liberté qu'ils ne le feraient en présence de textes précis dans leurs dates et formels dans leurs expressions. »

Aussi est-il à remarquer qu'il n'existe dans les archives du parlement britannique aucune loi dite fondamentale sur la régence : les actes de l'omnipotence parlementaire décrétés à la suite de la mort d'un roi laissant un héritier mineur, ou à la suite d'une incapacité constatée dans l'exercice de l'autorité royale, pour cause de captivité, d'infirmités ou de démence, ces actes, disons-nous, ne prononcent que sur le cas spécial pour lequel ils ont été faits : ils discutent en quelque sorte la personne à nommer aux fonctions de lieutenant, de protecteur, de régent, titre donné indifféremment au gouverneur du royaume. Ils modifient et restreignent en certains cas dans ses mains le pouvoir royal; dans l'intervalle le conseil privé du feu roi continue de gouverner. Exemples : les bills rendus à l'avénement de Henri III (1216), d'Edouard III (1327), de Richard II (1377), pendant la minorité de Henri VI (1422) et sa démence (1454), d'Édouard V (1483) et d'Édouard VI (1547).

Ce dernier exemple offre quelque analogie avec celui que présente le parlement de Paris convoqué à la mort de Louis XIV. Henri VIII avait fait rendre un bill qui conférait à lui seul le droit de pourvoir par lettres patentes ou par testament au gouvernement de l'état pendant la minorité de son successeur. A la mort de Henri VIII, le chancelier produisit un testament de ce monarque nommant un conseil de seize membres, tous égaux, pour administrer les affaires jusqu'à ce que son fils, alors âgé de dix ans, en eût atteint dix-huit. Le comte d'Herdford, oncle de celui-ci, persuada aux lords qu'il fallait un chef à ce conseil ; il lui fit une ample distribution de titres et de richesses, prétendant que Henri lui avait, avant de mourir, dicté à cet égard ses dernières volontés : c'est à ce prix qu'il fut nommé à la fois protecteur du royaume et tuteur du jeune roi.

En 1751, le prince de Galles, fils aîné de Georges II, mourut subitement, laissant un fils âgé de treize ans. Le roi fit remettre aux chambres un message proposant que dans le cas où la couronne écherrait à un des fils du dernier prince au-dessous de l'âge de dix-huit ans, la princesse douairière de Galles fût tutrice et régente jusqu'à ce que le jeune prince eût atteint sa majorité. Un second message proposait l'établissement d'un conseil de régence, et désignait pour le composer son fils le duc de Cumberland, l'archevêque de Cantorbéry, le lord chancelier, etc. Ce dernier bill souleva une vive opposition dans la chambre des communes. Ce n'est pas la régence attribuée à la princesse de Galles qu'on attaqua, ce fut l'entrée au conseil du duc de Cumberland, généralissime des armées, ambitieux, entreprenant, et qui pouvait ne pas avoir une grande affection pour l'héritier présomptif. Le bill passa avec de légers amendements ; mais il resta sans effet, le jeune prince ayant atteint sa vingt-deuxième année quand la mort de Georges II l'appela au trône.

En 1788, Georges III éprouva ses premières atteintes d'aliénation mentale. Dès que cette infirmité est officiellement constatée, Pitt soumet au parlement un bill appelant son fils à l'administration du royaume durant l'infirmité du roi, et avec des restrictions importantes : celles, par exemple, de n'avoir aucun droit sur la fortune particulière de son père, de n'accorder de places et de pensions à vie que celles que la loi déclare telles par leur nature, les autres emplois et faveurs ne devant être accordés que sous le bon plaisir du roi ; enfin de ne créer aucun pair du royaume, sauf les princes du sang qui auraient atteint vingt-un ans. Ce bill fut adopté à la chambre des communes ; il allait l'être à la chambre des lords, lorsqu'un rapport satisfaisant sur la santé du roi en fit ajourner le vote.

En 1809, le parlement apporta les mêmes restrictions à l'autorité du régent ; il n'obtint à ce titre le plein exercice de l'autorité royale que lorsque l'aliénation mentale du roi se compliquant d'une infirmité physique jugée incurable, la cécité, il ne resta plus de sa royauté qu'un nom à inscrire en tête des actes du pouvoir.

En 1830, le parlement statua par un acte spécial sur la régence éventuelle à laquelle à la mort de Guillaume IV donnerait ouverture la minorité de la reine Victoria ; et la régence du royaume fut confiée à la duchesse de Kent.

Tous ces exemples démontrent que l'Angleterre, fidèle au principe de la souveraineté nationale, l'exerce par l'organe de son parlement, avec ou sans la participation de la royauté, toutes les fois qu'il s'agit de pourvoir à l'exercice de l'autorité monarchique au nom du roi mineur, prisonnier, ou incapable.

Si l'on veut donc se prévaloir de l'exemple de l'Angleterre, il faut l'accepter tel qu'il se présente, avec une constitution non écrite, ou plutôt non codifiée, avec la souveraineté absolue du parlement, avec cette omnipotence qui ne reconnaissait, suivant les vieux docteurs, qu'une impossibilité, celle de changer un homme en femme. Il faut pour chaque cas de régence un bill spécial, modifiant suivant les circonstances et le caractère des personnes appelées à ces fonctions les conditions de leur autorité. Il faut se garder d'en exclure les mères du roi mineur.

Nos fabricants de doctrines ne veulent pas de l'omnipotence parlementaire des Anglais; mais ils sont fort jaloux d'une omnipotence de circonstance escamotée à la puissance législative au profit du pouvoir royal, à la suite de la préoccupation d'un grand danger ou d'un grand malheur. Pour cela, rien de plus simple que de faire voter six articles présentés comme un complément de constitution, sauf à dire dans un rapport de commission : *Après nous, on verra.* (Historique.)

Il y a plus : on présente cette loi fondamentale le jour même où une enquête est ordonnée pour constater les méfaits électoraux signalés dans plusieurs colléges, on la présente en recommandant un vote unanime, sans discussion sérieuse. Qu'est-ce en effet qu'une discussion qui ne conclut pas par une proposition ou un amendement? Ainsi, pour remplir une lacune du pacte constitutionnel, l'on trouve suffisante une chambre mise en suspicion dès le premier jour. Et comme il a fallu le plus fortuit des malheurs pour que la puissance parlementaire daignât remarquer cette lacune, c'est le lendemain d'élections complétement étrangères à cette prévision qu'on veut ne plus perdre un moment pour la remplir.

A-t-on oublié ce qui s'est passé en 1831 au sujet de l'hérédité de la pairie? Cette question fondamentale, réservée par la charte de 1830 à la prochaine législature, occupa la presse plusieurs mois avant les nouvelles élections. Elle ne fut pas seulement traitée en courant dans les feuilles quotidiennes, elle fut discutée avec toute la gravité et l'étendue qu'elle comportait, par des jurisconsultes, des publicistes, qui concoururent avec les journaux à mûrir l'opinion électorale. Et pourtant telle fut l'hésitation de quelques bons esprits à choisir ce qu'on nommait alors le juste-milieu entre l'hérédité et l'élection au moins indirecte et par candidatures, pratiquée par le consulat et l'empire, qu'ils hésitaient à conclure (1). L'opinion électorale fit de cette question le *criterium* de sa confiance ; et comme tout

______

(1) Voir l'ouvrage intitulé : *Des majorats et substitutions et de la pairie,* par M. Berton. In-8°, chez Mme Ve Dondey-Dupré.

candidat eut à s'expliquer sur elle, tout député reçut implicitement le mandat de voter dans le sens qui avait entraîné en sa faveur la majorité des suffrages. La chambre des députés, après une longue et solennelle discussion sur le principe de l'hérédité, de la viabilité ou de l'électivité dans la chambre des pairs, et sur les catégories auxquelles le choix royal serait restreint, n'eut point la témérité de supposer que sa volonté, que ses impressions du jour seraient la loi des siècles. Elle ouvrit sagement dans la loi même de l'institution une voie à sa réforme, par une naturelle analogie avec ce que la charte elle-même avait déclaré au sujet de la capacité électorale de l'éligibilité et de la nomination des députés, lorsqu'elle plaça ces conditions dans le domaine, non de la Charte, mais des simples lois, domaine mobile comme l'opinion, et susceptible d'amélioration comme tout ce qui est soumis à l'action de l'intelligence humaine essentiellement progressive.

Abordons une autre hypothèse. Veut-on placer la régence au rang des institutions fondamentales du pays, et donner ce complément à la Charte? et faut-il recourir au pouvoir constituant? Où donc est ce pouvoir aujourd'hui? est-ce dans le parlement tel qu'il est organisé par la Charte? Mais la Charte est la loi suprême : si la puissance législative exercée collectivement par le roi et les deux chambres peut en combler les lacunes, elle peut aussi la modifier, la détruire, sans même recourir à ce subterfuge imaginé par les ministres de Charles X, quand ils distinguèrent dans les motifs de la loi de *sep-*

tennalité, entre les dispositions fondamentales et régle-
mentaires? Est-ce là ce que vous admettez? vous faites
involontairement sans doute, mais très-réellement, de
l'anarchie ; vous oubliez que la Charte impose au roi le
serment de lui rester fidèle, et qu'elle en confie le dépôt
et celui des libertés qu'elle consacre au patriotisme et
au courage de l'armée, de la garde nationale et de tous
les citoyens !... Si l'institution de la pairie fut réglée
par la législature de 1831, c'est que la Charte l'avait
expressément ordonné. Cette loi ne fut pas proposée
et bâclée *ex abrupto*. Qu'on donne à l'opinion le temps
d'examiner mûrement, de discuter lentement et avec
gravité s'il est utile d'exclure les femmes de la régence,
s'il est bon de confier d'une manière permanente, et à
titre d'institution organique, tous les pouvoirs de la
royauté sans exception à l'homme le plus près du trône
après le roi mineur, à un homme qui rentrera sous la
loi commune au bout de quinze, dix ou cinq ans ; si enfin, lorsque après douze ans nous attendons encore la
loi de responsabilité ministérielle, ce véritable complément de la Charte, il est bien urgent de déclarer le régent *omnipotent et irresponsable*, d'en faire l'*alter
ego* du roi mineur, un monarque éventuel de quelques
années, de quelques jours.

N'espérez pas donner le change à l'opinion avec un
ton de prédicant et à l'aide de grands mots. La pairie
est une institution permanente ; la régence ne l'est pas.
Votre loi ne saurait donner du vivant du roi, à aucun
prince de sa maison, autre chose qu'une *chance* ; mais

aussi il est une chance que vos théories d'omnipotence parlementaire constituante donneront aux factions; c'est celle d'arriver à détruire la Charte sous couleur d'amendement par une fausse entente de la Charte même.

Lors même que nous admettrions qu'il y a lacune dons la constitution, nous ne demanderions pas pour la remplir une nouvelle assemblée constituante. A travers le mouvement régulier des affaires et des partis, la stricte logique ne jetterait pas impunément ses exigences. La sagesse des fondateurs de l'union américaine n'a pas été la nôtre; nous n'avons pas manifesté les mêmes prévisions que l'assemblée nationale. Après un combat de trois jours, où les ordonnances de juillet étaient restées sur le carreau, écrasées par les pavés de Paris, la chambre des députés, soutenue par l'urgence des événements, par l'enthousiasme populaire, a fait une Charte, un roi, une dynastie. Le tout a été ratifié par douze ans d'adhésion générale. Une constituante élue par les assemblées primaires pour ajouter à la constitution le chapitre régence n'aurait pas le droit de la réviser; mais alors même qu'elle se bornerait à la spécialité de sa misson, le seul contraste entre les sources officielles de son autorité constituante et celles des pouvoirs de la chambre de 1830 deviendrait un danger public. Il est fâcheux qu'il en soit ainsi; mais le danger n'est pas seulement dans l'absence de sécurité, il est dans le sentiment, raisonnable ou non, mais général, que cette sécurité n'existe pas. Les meneurs du parti qui se prétend exclusivement conservateur ont commis cette atteinte.à la majestueuse unité de l'opinion d'un grand peuple, de le dominer à la fois par la peur, et par une soif inquiète de jouissances matérielles qui rend cette frayeur plus aveugle et plus générale. L'Europe le sait et s'en félicite, ou plutôt elle en rit. C'est un genre de satisfaction dont il est temps de la sevrer. N'offrons donc pas de prétexte à nos ultra-conservateurs, pour exploiter cette infirmité de la peur, et laissons de côté ce fantôme de pouvoir constituant, auquel la violence de deux factions ennemies ne manquerait pas de donner un corps.

La catastrophe qui a supprimé d'avance un règne sur lequel reposait l'espoir de tous les bons citoyens a été pour tout le monde un coup de foudre sans nuage et sans éclair. Nul pressentiment n'avait tourné vers une régence les méditations du corps éleetoral, et l'on compterait par vingt mille les électeurs qui se sont écriés avec un profond sentiment de regret, en jetant un regard en arrière sur l'issue du scrutin : Oh! si nous l'avions prévu! La conclusion de ces regrets serait peut-être l'appel à une nouvelle législature ; mais comment l'obtenir d'un ministère qui croit avoir la majorité dans celle qui vient d'être élue, d'un ministère en faveur duquel on pousse la condescendance, dans les rangs même de l'opposition, jusqu'à demander l'unanimité en faveur d'une loi qu'il a proposée, dont il est responsable, et qu'on présente comme une loi dynastique, quand il devient manifeste qu'elle est *ultrà ministé- rielle*? Mais, dit-on, l'Europe nous regarde. Aurait-elle la prétention de nous imposer une mauvaise loi?

Acceptons donc, puisqu'il le faut, la législature actuelle ; mais ne laissons pas s'accomplir sans protestation le coup de tête prétendu constituant auquel on la provoque, et n'oublions pas qu'il y a plus de respect pour d'augustes douleurs dans la sage lenteur d'une aussi grave discussion, que dans le mécanisme législatif *à la vapeur* qu'on prétend nous imposer.

III

La loi de régence n'est pas d'une urgence telle qu'il soit nécessaire d'en précipiter la discussion.

La proposition que nous venons d'énoncer n'est pas de celles qui se démontrent : elle est tout autant de sentiment que la proposition d'urgence. Oui, celui qui trace ces lignes fait des vœux aussi sincères que qui que ce soit pour la conservation des jours précieux de sa majesté ; autant que personne au monde il déteste l'anarchie et redoute la guerre civile ; mais plus il a été ému de la mort du duc d'Orléans, plus, en étudiant l'expression de l'affliction générale, il s'est rassuré contre de sinistres éventualités. Au-dedans le calme est complet ; plus d'émeutes, plus d'attentats contre la vie du roi, plus de ces crimes dont la folie le dispute à l'atrocité. Les factions ajournent leurs espérances. Une nation jalouse de son indépendance, de sa liberté, de son hon-

:eur, mais aussi de son bien-être matériel et d'un progrès pacifique, veut, dans son immense majorité, la Charte, toute la Charte, rien que la Charte : pour assurer le repos public, une armée plus nombreuse dans la capitale ou ses alentours qu'à aucune de nos frontières, munie de son artillerie, ayant ses postes marqués d'avance, sans parler des forts détachés ; une garde nationale de quatre-vingt mille hommes, y compris la banlieue, garde aussi fidèle que l'armée ; en dehors de cette garde, une population laborieuse, et noyés au milieu d'elle, quelques centaines de rêveurs, dont les abstractions ou le fanatisme n'ont pas fait un prosélyte, observés de près par la police, qui à chaque heure du jour peut, si elle le veut, suivre tous leurs mouvements ; les résidences royales inabordables pour tout autre qu'un employé ou un ami du château : voilà qui garantit contre tout attentat la vie du chef inviolable et irresponsable de l'état.

L'homme, répondra-t-on, n'est pas immortel. Sans doute ; mais aucun rapport de fâcheux augure n'a été rédigé sur la santé du roi... Le calcul des probabilités sur sa vie laisse heureusement beaucoup de marge aux préoccupations du législateur. D'après les tables de Buffon appliquées à Paris et à sa banlieue, les chances en faveur de la vie à soixante-dix ans sont de six ans deux mois ; d'autres auteurs la portent à sept ans deux tiers ; enfin d'après ces mêmes tables, les mois où la mortalité est la plus forte sont les cinq premiers de chaque année. Voilà, sans compter les soins spéciaux que réclame la vie du monarque, voilà bien des chances favorables qui permettaient aux ministres d'ajourner au mois de décembre la proposition et la discussion de la loi en question.

Malheureusement quand on ne veut faire que du zèle ,on fait rarement de la sagesse.

Quand Louis XIV eut perdu le grand dauphin, le duc et la duchesse de Bourgogne et le plus jeune frère du prince qui monta sur le trône à l'âge de cinq ans sous le nom de Louis XV, il ne songea pas immédiatement à rédiger un édit de régence ; ce ne fut que plusieurs mois après la mort du duc de Berry, son petit-fils, qu'il appela par l'édit du 2 août 1714, et par la déclaration du 25 mai 1715, le duc du Maine et le comte de Toulouse à la couronne à défaut des princes du sang, et deux mois plus tard il dicta au chancelier Voysin son testament, le seul acte par lequel le monarque eût réglé l'exercice du pouvoir royal pendant la minorité de son arrière-petit-fils. A quoi donc s'occupat-il dans cette année 1712, traversée par tant de douleurs? A réorganiser la victoire. Sa constance lassa les coups de la fortune ; il avait envoyé Villars conquérir à Denain les traités d'Utrecht et de Rastadt. A quoi donc pensaient en 1712, Voysin, Desmarests et de Torcy, de ne pas porter immédiatement au parlement un bon édit de régence à enregistrer silencieusement, et de conseiller la rupture des négociations de Gertruydemberg? Mais j'oublie que Louis XIV ne prenait conseil que de lui-même. S'il eût régné sous le régime constitutionnel,

peut-être ses ministres se seraient-ils moins préoc-
cupés des périls de la France au dehors, et auraient-ils
mis plus de zèle aux choses de l'intérieur... de Ver-
sailles.

La révolution de juillet a changé tout cela ; mais elle
n'a pas modifié à ce point le génie français qu'il ne ré-
siste encore au mouvement accéléré que l'on veut im-
primer à la marche rétrograde de sa politique inté-
rieure.

IV

Une loi de régence formulée en dehors du pacte fondamental doit-
elle être générale et absolue ?

En principe, la régence ne peut pas être une institution politique ; c'est le remède à un mal éventuel ;
l'incapacité résultant, au décès du monarque, de l'état
de minorité de l'héritier du trône. Ce remède est dans
le dépôt temporaire, dans la tutelle, aux mains du régent, de tout ou partie de la puissance publique, suivant la gravité des circonstances combinées avec l'âge
du roi mineur et la composition de sa famille. Il suit de
là qu'une loi de régence ne peut avoir rien d'organique
dans la partie qui désigne virtuellement ou non la
personne du régent.

La seule partie qui possède ce caractère est celle qui

fixe l'âge où finit la minorité royale, l'âge et autres conditions de capacité que doit posséder le régent ou la régente ; le mode d'après lequel l'un ou l'autre sera nommé ; et l'ordre public sauvegardé dans l'intervalle entre la mort du roi et cette nomination.

Tout le reste serait une loi de circonstances, de personnes, une élection déguisée, et par conséquent une élection sans liberté. Aussi plus on voudra colorer du prétexte de l'urgence, de l'extrême danger, la nécessité du vote d'une loi organique, excluant les femmes de la régence, la déférant à l'aîné des princes du sang les plus près du trône ; et ainsi de suite dans l'ordre de l'hérédité ; plus on montrera qu'on veut immédiatement déférer la régence non à la princesse Hélène de Mecklembourg, mais à Mgr. le duc de Nemours, à l'exclusion de Mgr. le duc de Joinville, à l'effet de l'exercer lors du décès du roi, au cas éventuel de la minorité du comte de Paris. Puisqu'il résulte invinciblement du texte de la loi que c'est là ce que demandent le ministère et une partie de l'opposition, pourquoi ne pas s'énoncer franchement ?

C'est franchement que je vais m'expliquer. Le ministère craint qu'un testament de régence émané du roi ne soit pas mieux reçu par le parlement français que ne le fut celui de Louis XIV par le parlement de Paris : crainte assurément fort injuste ; et c'est une disposition entre-vifs sous couleur de loi fondamentale de régence qu'il veut imposer aux chambres. L'opinion publique demande qu'on prenne le temps de réfléchir à cette élection, mais elle veut aussi que ce temps ne soit pas perdu pour l'ordre constitutionnel.

Voici donc ce que, à notre avis, les chambres devraient se borner à faire : 1° fixer à dix-huit ans la majorité du roi ; 2° déclarer que, sauf la mère ou l'aïeule du roi mineur, régnicoles ou non remariées, les femmes sont inhabiles à exercer la régence ; que les parents collatéraux issus du sang royal régnicoles, majeurs de vingt-un ans, peuvent être appelés à la régence en concours avec la mère ou l'aïeule du roi mineur ; qu'immédiatement après le décès du roi, s'il laisse en état de minorité l'héritier de la couronne, il sera procédé à la nomination du régent ; et poser les bases d'après lesquelles cet acte solennel s'accomplira.

Ces bases pourraient être arrêtées dès à présent ainsi qu'il suit : Immédiatement après la mort du roi, les chambres seront convoquées pour veiller à la stricte exécution des lois du royaume ; les ministres alors en exercice seront tenus, sous peine de bannissement, de procéder à cette convocation dans les vingt-quatre heures de la mort du roi, et de convoquer dans le même délai les colléges électoraux organisés par la législation en vigueur, à l'effet de nommer dans la quinzaine une chambre spéciale chargée de procéder exclusivement, à la majorité des suffrages, à la nomination du régent ou de la régente du royaume, et de lui déléguer, avec ou sans conseil de régence, tout ou partie des pouvoirs dévolus par la Charte à la royauté. Dans l'intervalle, les ministres exerceront sous leur responsabilité le pouvoir exécutif, à l'exception de celui de déclarer la guerre, conclure la paix, et signer ou ratifier aucun traité d'alliance, de commerce ou autre avec les puissances étrangères ; et ils ne pourront procéder à aucune nomination de pair, conseiller à la cour de cassation, maître des comptes, officier général, ni constituer aucune pension dont les conditions et le taux ne seraient pas réglés par la loi.

Le régent prêtera immédiatement serment devant les chambres de rester fidèle au roi mineur, de gouverner conformément à la Charte et aux lois du royaume dans la limite des pouvoirs qui lui sont délégués ; de ne rien faire que dans l'intérêt de l'indépendance, du bonheur et de la gloire de la France, et de rendre, en présence des chambres, au roi devenu majeur bon et fidèle compte de sa gestion.

Une telle loi n'aurait pas la prétention d'organiser la régence, ce pouvoir intérimaire dont les circonstances peuvent modifier l'étendue et la durée ; elle n'aurait pas la prétention de dominer un avenir qui sur la terre n'est dans les mains de personne ; mais elle serait durable, car elle se plierait à tel ordre d'événements que ce fût, en respectant le principe tutélaire de l'hérédité monarchique.

Cette loi maintiendrait du vivant du roi une salutaire émulation entre tous les princes de son sang ; l'auguste mère du prince royal y trouverait la chance de voir consacrer par le vœu général une adoption dont elle s'est montrée si digne. L'ordre public n'aurait pas à souffrir un seul jour d'un retour à la souveraineté nationale qui serait à la fois conservateur de la Charte et préservateur des dangers auxquels l'état peut être exposé dans un avenir incertain.

Cette loi engage le principe de la responsabilité ministérielle en des circonstances pour lesquelles il faudrait la créer. Sans doute elle attribue aux députés de la nation une mission délicate ; vaudrait-il mieux livrer au hasard l'avenir de la monarchie ?

La chambre des pairs ne vote point, parce qu'il ne faut pas de scission dans un choix émané du pays.

Cette loi renoue aux leçons de l'expérience moderne les plus respectables traditions de notre histoire. En faisant nommer le régent par des représentants nouvellement élus, elle empêche l'intrigue de corrompre une législature qu'aurait déjà usée le contact ministériel, et où l'esprit de faction aurait pu longtemps fermenter.

Cette loi, ouvrant des espérances sans garantir des droits, donne aux institutions libérales un gage de plus, sans offrir aux fauteurs de révolutions ou de coups d'état la moindre chance de succès. A quoi en effet se rattacheraient-ils ? Le choix du régent est tellement borné, qu'aucune crainte d'usurpation ne saurait entrer dans les esprits les plus timorés. D'ailleurs les ministres du roi défunt exercent momentanément le pouvoir, et il n'est aucune mesure d'ordre et de police qui leur soit refusée, excepté celles qui entraveraient la liberté du vote.

Le dépôt momentané de la puissance exécutrice dans

les mains des ministres responsables jusqu'à la nomination du régent n'est pas même une innovation dans les états constitutionnels. Pitt en proclamait la nécessité devant la chambre des communes en 1789, dans la discussion sur la première régence de Georges IV. En note d'un article où il reproduisait le compte rendu des précédents du gouvernement anglais sur la matière, le *Journal des Débats* du   juillet 1842 s'autorisait de cette opinion pour déclarer qu'en France, en pareil cas, il en devrait être ainsi.

Enfin, l'un des principaux mérites de cette loi serait de ne pas confondre la puissance royale, perpétuelle de sa nature d'après la constitution, avec les pouvoirs plus ou moins étendus que les circonstances d'un intérim peuvent attribuer pour un temps au régent du royaume, et de rester ainsi dans la vérité.

Examinons maintenant les principales dispositions de la loi proposée aux chambres.

V

Projet de loi amendé par la commission.

« Art. Ier. Le roi est majeur à l'âge de dix-huit ans accomplis.

» Art. 2. *Lorsque le roi est mineur*, le prince le plus proche du trône, dans l'ordre de succession établi *par la déclaration* et la charte de 1830, âgé de vingt-un ans accomplis, est investi de la régence pour toute la durée de la minorité.

» Art. 3. Le plein et entier exercice de l'autorité royale, au nom du roi mineur, appartient au régent.

» *Il en est saisi à l'instant même de l'avénement.*

» Art. 4. L'art. de la charte et toutes les dispositions législatives qui protégent la personne et les droits constitutionnels du roi sont applicables au régent.

» Art. 5. Le régent prête devant les chambres le serment d'être fidèle au roi des Français, d'obéir à la charte constitutionnelle et aux lois du royaume, et d'agir en toutes choses dans la seule vue de l'intérêt, du bonheur et de la gloire du peuple français.

» *Si les chambres ne sont pas assemblées, le régent fera publier immédiatement et insérer au* Bulletin des Lois, *une proclamation dans laquelle seront exprimés ce serment et la promesse de le réitérer aussitôt que les chambres seront réunies.*

» *Elles devront, dans tous les cas, être convoquées, au plus tard, dans le délai de quarante jours.*

» Art. 6. La garde et la tutelle du roi mineur appartiennent à la reine ou princesse sa mère, non remariée, et, à son défaut, à la reine ou princesse son aïeule paternelle, également non remariée. »

Ce projet repose sur une fausse assimilation entre le pouvoir du régent et la royauté.

« La royauté, dit-on, est une fonction ; le régent exerce par intérim les fonctions royales ; or, les fonctions royales sont viriles, donc les fonctions de régent doivent l'être. Voilà qui exclut les femmes de la régence; et d'ailleurs la constitution de 1791 la leur interdit. Messieurs les libéraux (style de 1820) n'ont rien à répliquer. »

Réponse. — Posséder une puissance et occuper une fonction sont deux choses fort différentes. La posséder inviolablement et seulement sous la responsabilité de ses ministres rend cette différence plus saillante encore. Au roi donc la puissance, l'autorité suprême; au ministère la fonction (l'action de s'acquitter, *fungi*, du devoir de sa charge); en d'autres termes, la machine gouvernementale fonctionne par l'action ministérielle. Cela est aussi vrai en 1842 qu'en septembre 1791; car telle est l'essence du gouvernement représentatif. La différence des deux articles corrélatifs dans les deux constitutions est nulle au fond. L'une dit : « Le pouvoir exécutif est délégué au roi pour être exercé sous son autorité par des ministres et autres agents responsables. » L'autre, après avoir délégué dans son préambule la couronne au roi, se borne à dire, comme deux membres indivisibles de la même pensée : « Sa personne est inviolable et sacrée; ses ministres sont responsables. »

La raison de l'exclusion des femmes par la constitution de 1791 n'est donc pas dans ce mot *fonction* appliqué fort mal à propos à la royauté constitutionnelle. Cette raison, la voici : Le parti qui donna l'impulsion à la révolution de 1789 n'aimait pas la reine Marie-Antoinette ; d'odieuses préventions la poursuivaient depuis l'affaire du collier. Ses imprudences, en juillet

1789, lui avaient aliéné dans l'assemblée nationale tout le parti démocratique. Sous une formule théorique absolue, ce fut la reine qui avait présenté le dauphin aux gardes du corps dans le banquet qui provoqua les journées des 5 et 6 octobre; ce fut Marie-Antoinette d'Autriche que l'on proscrivit en vue du comte de Provence, et à son défaut, du duc d'Orléans.

Quand Napoléon dicta la constitution de l'an XII, il savait qu'il n'aurait pas d'enfants de l'impératrice Joséphine. Son fils adoptif, le prince Eugène, était majeur. L'empereur transcrivit l'article de la constitution de 1791, qui excluait les femmes de la régence.

Après la naissance du roi de Rome, l'empereur n'eut en vue que de se concilier l'Autriche en attribuant la régence à la mère de l'empereur mineur dans un nouveau sénatus-consulte organique, œuvre de circonstance comme le précédent. Voilà donc deux lois constituantes qui tour à tour, dans l'intervalle de neuf ans, excluent les femmes et les admettent en première ligne.

Dans notre ancienne monarchie, les femmes n'avaient aucun droit à la couronne, et on admettait les mères à la régence. Est-ce parce que la royauté n'était pas une fonction comme aujourd'hui? C'est le contraire qui est vrai. Sous l'ancien régime, les ministres n'étaient que les commis des rois, et à tout conseil donné par un de ses secrétaires d'état, le roi pouvait répondre : *Laissez-moi faire mon métier.* Expression ennoblie par Louis XIV, l'un des monarques absolus qui ait le mieux entendu ce métier-là.

La véritable raison de cette courtoisie, la voici : La personne la plus intéressée à maintenir la couronne sur la tête de son fils est une mère exclue du trône par la loi fondamentale de l'état, charte ou loi salique, il n'importe. C'est une mère qui a le plus cher intérêt à la voir rehaussée d'un peu de gloire, et décorée du plus beau de tous les fleurons, les bénédictions du peuple. Pour une mère, le serment de gouverner dans l'intérêt de la prospérité et de la grandeur du pays est presque inutile ; ne se confondent-elles pas avec le bonheur et la gloire du règne de son fils ? Quel oncle offrirait plus de garanties ? A Dieu ne plaise que je m'attache à démontrer qu'il en offre moins ! On chercherait des allusions que je veux éviter ; mais si dans quelques années, avant la majortié de son neveu, le duc de Nemours venait à mourir, la présomption légale serait donc au même degré pour le duc de Joinville, et successivement pour les deux autres princes, toujours à l'exclusion de la mère ! En treize ans, il pourrait venir, Dieu nous en préserve ! un moment où Louis-Philippe survivrait, comme Louis XIV, à toute sa descendance, moins son héritier mineur : la mère resterait donc toujours exclue, et il faudrait une loi organique pour lui rendre les droits qu'elle tient de la nature, et que le duc de Bordeaux pourrait lui disputer par-devant l'omnipotence parlementaire ! . . . .

Plongeons nos regards plus avant dans l'avenir, arrivons à une seconde génération ; admettons que le chef de la famille soit mort depuis trop longtemps pour que les traditions de cette touchante harmonie, qu'il savait si bien maintenir entre ses enfants, se soient conservées ; est-ce que vous ne tremblez pas pour le sort d'une patrie où la guerre civile, allumée par les prétentions rivales de deux frères, peut dévaster l'héritage de vos enfants et désoler vos tombeaux ? Croit-on que vers la fin de ce siècle d'ambition et de corruption effrénées il ne pourrait pas surgir un Richard III, prenant un Tyrrel pour ministre, à l'encontre de quelque enfant d'Edouard ? Hommes de bien, qui ne voulez pas vivre au jour le jour, puisque vous entreprenez une loi constituante, pensez-y. Mais aussi daignez considérer ceci : les coups d'état, les trahisons de la première des Médicis, étaient des fruits du terroir italien ou l'inspiration du fanatisme espagnol inoculé dans sa politique par l'alliance de Philippe II. Si la faiblesse de Marie de Médicis produisit le maréchal d'Ancre et permit l'élévation de Luynes, elle créa la puissance de Richelieu ; s'il y eut une *fronde*, sous Anne d'Autriche, le parlement y retrempa son courage ; et à tout prendre, j'aime mieux autour de Paris des frondes que des mortiers. J'aime mieux surtout les grandes journées de Lens, de Rocroy, des Dunes ; les premiers lauriers de Condé et de Turenne, le traité de Westphalie enfin, qui nous donna l'Alsace, le rempart des Alpes, avec les eaux pendantes sur l'Isère et le Var, assura l'indépendance des princes de l'empire, et, par leur alliance avec la France, l'équilibre de l'Europe.

Les temps de régence, vous ne pourrez l'éviter, sont,

même après les règnes les plus glorieux dans la guerre, les plus calmes dans la paix, des temps où les libertés publiques, encadrées ou non dans une charte, veulent se donner de l'air et du mouvement : si elles ne le peuvent pas à Paris dans l'atmosphère étouffante des forts détachés, elles se le donneront en province ; si elles ne le trouvent pas dans le jeu d'institutions libérales, elles le chercheront dans le dévergondage des mœurs publiques, dans le hasard des spéculations. Il ne manquera pas de courtisans pour réhabiliter Law, et même pour l'accuser de pusillanimité. D'habiles marchands de phrases sauront vous prouver que les dix années qui, à dater de 1715, préparèrent sous le neveu de Louis XIV, le règne des Pompadour, de Voltaire et des encyclopédistes, était un âge de sotte et ridicule pruderie.

En résumé sur ces leçons historiques, de nos trois plus belles régences, trois appartiennent à des femmes, Blanche de Castille, Anne de Beaujeu et Anne d'Autriche.

Faudrait-il accepter une régente protestante ? rien dans notre constitution ne s'y oppose. Le roi serait-il moins élevé dans la religion catholique que ne l'est aujourd'hui le prince royal ? la liberté de conscience ne serait-elle pas aussi bien assurée par une signature luthérienne au pied des ordonnances que par une signature catholique ? et sommes-nous à une époque où un prince tel que Henri IV ait à s'excuser d'une conversion en disant : *Paris vaut bien une messe ?* L'auguste aïeule du roi mineur ne sera-t-elle pas là avec la touchante autorité de sa haute piété, pour rassurer tous les scrupules? ce jeune prince n'aura-t-il pas l'exemple de tous ses oncles pour se maintenir dans la foi de ses aïeux? Ces scrupules, au reste, ne viennent que d'une fausse entente des pouvoirs d'un régent sous la monarchie constitutionnelle, et ils nous étonnent en présence d'un ministère qui a pour chef, sinon pour président, l'un des plus fervents calvinistes du royaume. Oui, le roi règne, mais le ministère gouverne, aussi bien sous une régente que sous un régent; il gouverne parce qu'il est responsable. Rien de plus nécessaire qu'une éducation et une instruction religieuses dans les colléges comme dans la famille; et pourtant l'on n'a pas jugé M. Guizot, dont c'est la *bonne* spécialité, indigne, en sa qualité de protestant, du portefeuille de l'instruction publique. Laissons à l'opposition de droite des alarmes d'un autre tiècle; elle n'a pas plus que nous la croix de Lorraine sur la poitrine, elle doit comme nous respect à la liberté des cultes; comme nous elle est édifiée sur les rapports mutuels de bienveillance et de protection qui existeront soujours entre le chef du culte catholique et le gouvernement de la France, cette fille aînée de l'Eglise; gouvernement fonctionnant, je le répète, par ses ministres responsables. N'oublions pas enfin ce qui répond à tout, que ces mots ont été rayés de la Charte de 1814 : La religion catholique *est la religion de l'État*, et qu'ils ont été remplacés par cette énonciation de fait : *La religion catholique est celle de la majorité des Français.*

Dans notre siècle, une régente aura toujours moins

de courtisans que ses ministres. Laissez-lui ceux de l'esprit, de la bonté, de la bienfaisance, de tout ce qui rallie les cœurs autour du trône. Vous craignez, en théorie, les caprices des femmes? Ceux des régentes sont moins coûteux à satisfaire que ceux du peuple électoral.

« Mais il faut des mains viriles pour tenir le timon d'un état constitutionnel. » Étrange confusion entre la majesté qui siége sur le trône, inviolable et sacrée, et le pouvoir responsable qui fonctionne dans le sens de la majorité parlementaire! Le drapeau de la coalition de 1839 est-il tellement déchiré qu'on n'y lise encore ces mots : *Le roi règne et ne gouverne pas?* Le parlement crée ses ministres, le roi les choisit. On veut rendre le pouvoir fort et redoutable ; l'auteur de cet écrit ne l'a jamais souhaité faible et dédaigné. Le vœu national, âme du pouvoir, est toujours fort, dans l'ordre régulier des choses ; on n'est jamais faible en suivant ses inspirations ; on est redouté de l'étranger dans la guerre, respecté dans la paix. Sa faiblesse ne vient que lorsque le timonier veut gouverner contre le courant le navire qui porte l'état et sa fortune.

Quel gouvernement a obtenu en moins de temps et par les voies constitutionnelles plus de sûretés, je ne dis pas seulement contre l'anarchie, contre la licence, mais contre l'esprit démocratique de notre âge? Les chambres, y ont-elles rien épargné depuis le vote de la Charte jusqu'à nos jours? Quelles lois sont plus sévères contre les moindres abus de la presse, contre toute ombre d'association politique? Quel ministère a tendu l'arc du pouvoir sur l'intérieur avec une tenacité plus persistante que celui qui, au milieu de la conflagration d'Orient et de la rupture de l'alliance anglaise, écrivait de son hôtel d'ambassadeur à Londres : « C'est surtout l'intérieur que je crains ? »

O vous, qu'après avoir nommés exclusivement constitutionnels dans les bureaux du ministère, on nomme aujourd'hui exclusivement conservateurs, conservez-nous, de grâce, l'esprit de nos pères, le vieil esprit français ; assouplissez un peu l'arc du pouvoir. Vous lancez la loi du haut du mont Sinaï parmi les éclairs et la foudre : si vous tentiez de réaliser sous les traits gracieux d'une jeune mère la sainte image de la patrie ; si la loi, élaborée par vos méditations, vous la déposiez dans l'attrayante majesté de son âme, afin qu'elle en rayonnât pour mieux se faire accepter et bénir ! Mais, les yeux fixés sur la constitution de 1791, vous ne m'écoutez pas...

Rentrons donc un instant ensemble dans cette constitution... Vous la copiez en attribuant la régence aux hommes à l'exclusion des femmes ; il est vrai que vous copiez en même temps la bulle d'or de l'empereur Charles IV, ni plus ni moins qu'un électeur passé roi de par l'épée de Napoléon : mais voici un contraste que je vous invite à méditer entre cette constitution de 1791 et la Charte. La Charte dit que la puissance législative s'exerce collectivement par le roi et les deux chambres, et que la proposition des lois appartient à l'un et aux autres. La constitution *délègue exclusivement au corps législatif le pouvoir et la fonction de proposer et décréter les lois. La loi peut seulement inviter le corps législatif à prendre un objet en considération.*

Dans la pratique de notre Charte, depuis 1830, aucune proposition de loi dont la chambre des députés ait pris l'initiative n'a obtenu la sanction royale ; celle sur l'abus de la Légion d'honneur, et d'autres encore, n'ont pas été plus heureuses à la chambre des pairs.

La constitution de 1791 n'accorde au roi que le *veto* suspensif ; les décrets présentés au roi pendant trois législatures consécutives ont force de loi.

La Charte dispose : « Le roi est le chef suprême de l'état ; il commande les forces de terre et de mer ; déclare la guerre, fait les traités de paix, d'alliance et de commerce ; nomme à tous les emplois d'administration publique, et fait les lois et ordonnances nécessaires pour l'exécution des lois, sans pouvoir jamais ni suspendre les lois elles-mêmes ni dispenser de leur exécution. » Le roi nomme les membres viagers de la pairie.

La constitution de 1791 distrait des pouvoirs du roi pour les attribuer au corps législatif, 1° l'action de permettre ou de défendre l'introduction des troupes étrangères sur le territoire français et des forces navales dans les ports du royaume ; 2° le droit absolu de décider la guerre, d'arrêter les hostilités, de ratifier les traités de paix, d'alliance ou de commerce (aucun traité n'aura d'effet que par cette ratification) ; elle ne permet au roi que de nommer une partie des officiers de terre et de mer; elle attribue au corps législatif le droit de décréter les règles d'admission et d'avancement, la liste des pensions et gratifications et de régler le nombre des tribunaux et de leurs magistrats; elle donne au peuple le droit d'élire l'accusateur public et les juges. Ces derniers ne pourront être destitués que pour forfaiture duement jugée, ni suspendus que par une accusation admise.

Comprend-on maintenant la différence entre les pouvoirs complets de la royauté attribués au régent en 1791 et la plénitude de puissance royale dévolue au régent en 1842? comprend-on pourquoi en 1791 un conseil de régence était inutile ? Ce constraste est mis en relief par l'action tous les jours plus puissante de la centralisation ébauchée en 1791, et dont les ressorts énergiques sont tellement tendus aujourd'hui, qu'hommes et choses, rien ne lui échappe. Avec ce système ultra-conservateur de repos et de compression à tout prix, tempérés par les seuls mouvements de l'égoïsme individuel ; avec ce système dont M. de Lamartine a dit : *Une borne y suffirait;* mettre dans la même main tous les fils conducteurs de notre centralisation, y concentrer dans des mains ardentes de jeunesse tous ces pouvoirs fortifiés du concours d'une pairie viagère que dix ans de régence suffiraient à renouveler, de manière à rendre impossible toute législation libérale, et à paralyser pendant une génération la volonté du pays ; tout cela est un grave danger...

Le nouveau projet déclare virtuellement la personne

du régent inviolable et sacrée ; celle du roi mineur l'est aussi. Voilà deux inviolabilités où la Charte n'en admet qu'une. Le régent, irresponsable, est saisi du pouvoir royal à l'instant même de l'avénement, avant le serment, qui n'est plus dès lors une condition. Le roi mineur n'est protégé par rien. La garde en est confiée à sa mère ; mais la loi ne donne à celle-ci la disposition exclusive d'aucune force armée. Ce ne sont pas les soldats de sa mère, mais ceux de son oncle, qui préserveront la tête sacrée du jeune roi. Avec cette loi un régent peut tout oser contre son co-roi mineur et contre une mère qui n'a pas un caporal à ses ordres pour défendre l'impuissante minorité de son fils ; il peut tout oser, même l'appel à l'étranger, cela s'est vu au quinzième siècle.

Y songez-vous d'appeler votre loi un complément de la Charte !...

Autre danger.

La loi désigne les régents pour les générations futures comme pour la nôtre : réfléchissons donc, sinon pour nous, du moins pour nos neveux. Avec deux mots *fortifier la monarchie*, avec une capitale qu'on dit être la tête et le cœur du royaume et qu'on tient, à l'aide des forts détachés permanents, bridée par une auréole de feu, par crainte de ses convulsions politiques, on peut mener loin, sans dépasser les limites de notre Charte judaïquement interprétée, un prince, eût-il nom Trajan ou Titus, roi intérimaire, barricadé contre le mécontentement public par des lois de septembre, qui n'ayant pas de dynastie à fonder, de crise révolutionnaire à traverser, de nécessité rigoureuse à subir, ne sera responsable de rien, ni devant l'opinion réduite au silence, ni devant une insurrection presque toujours fatale dans ses succès même et devenue impossible, ni au tribunal d'une conscience parternelle, puisque ce n'est pas à son fils qu'il livrera la couronne, et dix ans peut-être de sourdes irritations à dompter... Ce danger, les majorités législatives ne le voient pas aujourd'hui; il leur crie pourtant : Réservez la partie la plus délicate à manier dans le pouvoir royal, celle dont un ministre peut esquiver la responsabilité; réservez-la suivant les circonstances que vous n'apprécierez bien qu'au décès du roi; mais réservez-la dès aujourd'hui pour faire usage de cette réserve, le cas échéant. Telle est la nomination des pairs, le droit de paix et de guerre, celui de faire des traités d'alliance et de commerce, de disposer d'une partie du territoire, etc. Mais le *conseil et l'appui* des Chambres sera toujours là, nous dit-on; l'appui en faveur d'un ambitieux qui les aura dénaturées par des fournées de pairs, ou par la corruption? — « On appréciera le mal, » est-ce quand on ne pourra y remédier que par une révolution?... Etranges conservateurs inhabiles à rien préserver dans l'avenir, et qui ne savent regarder que douze ans en arrière !

Nous n'avons pas dit en faveur de la régence des femmes tout ce qui devait faire rejeter la disposition qui les exclut. Le temps nous manque; nous en avons dit assez pour que l'on sache qu'en dehors de la chambre la coalition du silence n'est pas unanimement acceptée;

aussi avant de terminer aborderons-nous en termes généraux, et en protestant d'avance contre toute allusion, une considération fort grave.

Un roi qui fonde une dynastie ne le fait jamais sans obstacle, lorsque proclamé immédiatement après une révolution, par des pouvoirs légaux, mais dont la légalité a été contestée, il a reçu une adhésion successive *ex post facto* de tous les corps et députations de l'état. De premières rigueurs deviennent nécessaires contre l'hostilité des partis. Tous ne désarment pas à la fois. Aux grandes émeutes succèdent les attentats qu'il faut réprimer encore ; puis un grand parti arrive ayant moins que les autres l'intelligence de l'union de l'ordre avec la liberté, et il veut refaire avec n'importe quels éléments une aristocratie ; celle-ci, frappée de ridicule par la presse, s'aigrit contre elle et voudrait aussi en ériger les abus en attentats contre sa propre majesté. On arrive à dire : *la presse est la féodalité de notre siècle*, et on oublie que la féodalité du siècle, c'est le lingot cuirassé de billets de Banque et ayant pour donjons de bonnes et solides caisses à trois clefs. En face de cette féodalité se posent des *pastoureaux*, des *Jacques Bonhomme*, moins redoutables que ceux des xiiie et xive siècles, mais exaltés par les rêveries du communisme. La masse conservatrice mais éclairée, celle qui veut un sage progrès social ayant pour précurseur l'expérience, qui ne veut pas plus qu'on supprime la liberté au profit de l'ordre que l'ordre au profit de l'anarchie, se trouble et combat pour le maintien des lois.

Mais comme elle n'est pas un parti, comme elle est mieux que cela, *la nation*, elle tourne un regard d'espérance vers l'aurore d'un nouveau jour politique ; elle souhaite pour son roi une vieillesse exempte d'orage, mais elle voudrait aussi pour son successeur un règne prospère et glorieux. Or, la gloire d'un fondateur de dynastie quand il lui a fallu dompter l'esprit révolutionnaire, c'est surtout le repos du pays et le maintien de la couronne. La gloire du successeur, c'est spécialement le progrès de la prospérité et de la gloire du pays au dedans et au dehors.

Or quand le prince royal, prévoyant un règne paisible, s'est attaché exclusivement à faire aimer une autorité qui n'avait plus besoin, dans sa pensée, de luttes et de rigueurs pour être affermie ; quand il est surpris par la mort avant de monter sur le trône, quand il laisse une veuve confidente de ses plus intimes pensées, de ses vues sur le gouvernement, de ses maximes politiques, qui pendant longtemps est entrée avec lui en partage de l'affection générale, l'horoscope de la régence est facile à tirer. La mère qui l'exercera suivra les traditions de son mari préférablement à toutes les autres ; c'est son mari qu'elle continuera et qu'elle engagera son fils à continuer ; elle lui livrera, avec la puissance qu'elle a gardée en dépôt, l'autorité des exemples d'un père fortifiée par celle de ses propres exemples.

Que dans ces circonstances une loi de régence soit discutée, la couleur politique du ministère qui la proposera ne sera pas indifférente. Si les hommes de lutte, conseillers responsables des mesures de rigueur, qui dans leur opinion ont sauvé la monarchie, sont au pouvoir, ils voudront perpétuer leur ouvrage, en plaçant dans l'ordre établi par la Charte, c'est-à-dire héréditairement à l'exclusion des femmes, une royauté complète par *interim* à côté de la royauté héréditaire frappée momentanément d'impuissance; et assurément il ne tiendra pas à eux que la royauté intérimaire ne suive leurs inspirations et ne confisque la réalité du gouvernement représentatif, en ajournant indéfiniment toute loi de responsabilité ministérielle. Gouvernant par l'intimidation parce qu'ils l'ont toujours fait, et se jetant en travers pour barrer le passage au système de l'avenir représenté par l'opposition. Malheur alors si elle se range humblement de côté !

En deux mots, et pour terminer, il faut en revenir à la régence élective, en posant dès à présent les conditions de forme d'après lesquelles elle sera attribuée; c'est la sagesse collective de nos pères, et celle du gouvernement anglais qui le voulaient ainsi, et qui n'ont jamais commis la faute d'exclure les mères de la régence. Tient-on à une loi constituante? que les régentes y figurent en première ligne.

Deux choses survivent aux dynasties, et une loi organique doit en tenir compte : c'est d'une part l'ambition des prétendants, de l'autre la tendresse des mères, le bon sens et l'intérêt permanent des nations.

Ce 17 août 1842.